Doris Hamann

Survival-Tipps für Flieger-Frauen

Überleben, obwohl Ihr Mann Pilot ist

Ein Ratgeber für alle Frauen, deren Mann, Freund, Lebensgefährte oder Partner mehr Zeit mit seiner Leidenschaft verbringt als mit Ihnen

Text: Doris Hamann
Redaktion / Schlussbearbeitung: Carmen Schwind
Umschlaggestaltung: Gudrun Hanauer, P+S Fürth

ISBN: 3-8311-3013-2
13,69 DM
7 Euro
10,30 Schweizer Franken

VORWORT

Männer und Frauen passen eigentlich nicht wirklich zusammen, musste ich immer wieder feststellen. Aber seltsamerweise zieht es uns doch immer wieder zum anderen Geschlecht und gegen Gefühle ist man meist machtlos. Sie sind es auch, die uns zu schaffen machen, wenn die Beziehung nicht mehr ganz jung ist und die Macken jedes Partners zu Tage kommen. Besonders schlimm wird es aber für die meisten Frauen, wenn sie feststellen müssen, dass das vermeintliche „Hobby" des Partners eher eine glühende Leidenschaft ist. Spätestens, wenn der Partner so gut wie jede freie Minute dafür aufbringt, zu Hause aber kaum mehr anzutreffen ist und die Haustiere neugierig an dem „Fremden" schnüffeln, ist die Zeit reif für eine Auseinandersetzung. Besonders häufig ist dieses Phänomen bei Piloten anzutreffen, entsprechend hoch ist auch die Unzufriedenheit bei den Frauen der Piloten. Doch auch Fußballfans, Tennisfreaks, Segler, Sammler, Heimwerker und viele andere Vertreter der Gattung Mann bringen es fertig, ihre Frau regelmäßig daheim sitzen zu lassen und ihrem eigenen Vergnügen nachzugehen. Das muss nicht unbedingt zur Trennung führen – es kann vielmehr jeder Frau die Chance geben, ihr Leben so zu verändern, dass sie ein erfüllteres Leben führt und noch dazu besser mit ihrem Partner klarkommt. Der Ratgeber zeigt in praxisnahen und nachvollziehbaren Schritten, wie es funktioniert. Es ist ganz einfach und klappt übrigens auch dann, wenn der Partner nicht ganz so extrem ist. Ich wählte hier stellvertretend jedoch das Fliegen, weil ich die Ratschläge selbst mit meinem eigenen fliegenden Ehemann austestete und weil das Fliegen zugleich ein paar gute Anregungen liefert. Ihnen wünsche ich gute Unterhaltung beim Lesen, viele neue Erfahrungen und viel Spaß mit Ihrem neuen Leben!

Doris Hamann

Mit einem Piloten zu leben ist schwer: Er ist viel unterwegs, spricht mit Freunden sehr oft über das Fliegen oder genauer: über Technik und Physik und den Geruch von Flugbenzin, und früher oder später ist er süchtig auf's Aufheben.

Dieses Phänomen kann bei allen Hobbies auftreten, die mit Leidenschaft betrieben werden, ob es nun Angeln, Gleitschirmfliegen, Tauchen, Heimwerken oder was auch immer ist. Ganz zu schweigen vom Beruf, mit dem mancher Mann verheiratet ist, allem voran bei Selbständigen.

Dann hat frau ganz schön zu kämpfen, um mit so einem Leben zurechtzukommen. Eine Revolution des Privatlebens findet statt – leider in die Richtung, dass man den Partner nur noch selten zu sehen bekommt. Damit hier beide Partner am Ende die Gewinner sind, werden wieder einmal die Frauen gefordert (denn Männer greifen in Beziehungsmuster erst ein, wenn es zu spät ist - wissen wir ja): Sie müssen nun daran gehen, etwas in ihrem Leben zu ändern, damit aus dem Engagement des Mannes kein Frust bei IHNEN als Partnerin entsteht und letztendlich die Beziehung zerstört wird.

Wenn Sie schon dabei sind, sich ein neues Leben zurechtzubasteln - warum nicht gleich noch ein paar Sahnehäubchen obendrauf setzen? Und zum Beispiel ein leichteres Leben führen? Mehr Spaß am und im Leben haben? Und mehr Lebensgenuss erreichen? Da kann man von Piloten einiges lernen.

Das alles ist leichter, als es klingt. Und es ist nicht nur für Flieger-Frauen nützlich, sondern auch für alle anderen, deren Partner mehr im Büro oder am Tennisplatz oder auf dem Mountainbike anzutreffen sind als zu Hause. Sie können die Beziehung nicht nur retten, sondern eine ganz neue Lebensqualität erreichen.

Und so nebenbei kommt auch gleich heraus, was es mit dem Fliegen auf sich hat.

Ihr Mann, Freund oder Geliebter beschäftigt sich also mit dem Fliegen oder ist ständig im Büro oder auf dem Sportplatz oder wo auch immer. Ich verwende nachfolgend das Beispiel „Fliegen“ stellvertretend für alle anderen zeitintensiven Leidenschaften, weil das Fliegen selbst auch einige gute Erklärungen liefert.

Um den Schluss dieses Buches vorwegzunehmen: Man kann als Frau auch überleben und sogar sehr gut leben, auch - und gerade wenn - der Mann in der eigenen Wohnung Seltenheitswert hat. Sie können sogar diesen Zustand ändern und ihn dazu bringen, dass er Ihrem gemeinsamen Privatleben wieder mehr Zeit einräumt – freiwillig! (Das glauben Sie jetzt noch nicht, aber Sie werden schon sehen.)

Sie müssen sich vorab lediglich fragen, ob Sie trotz des Fliegens (Arbeitens, Reitens, Segelns usw.) und trotz anderer Macken, die offensichtlich jeder Mann haben muss, bei ihm bleiben wollen, weil Sie ihn ganz einfach lieben. Ja?

Dann müssen Sie jetzt nur noch den richtigen Dreh anwenden. Bevor Sie sich aber Ihren Kopf darüber wochen-, monate- und beinahe jahrelang zerbrechen, bekommen Sie die Lösung gleich. Sie erfahren alle Tricks, bevor Sie sich grün und schwarz ärgern und womöglich Ihre Beziehung wegen der Fliegerei abstürzt.

Bitte sehen Sie es mir nach, wenn ich eigene Erlebnisse einstreue. Aber da ich meine Survival-Versuche am und mit dem eigenen Fliegermann ausprobierte -

und nicht nur theoretisch durchdachte - werden Sie vieles besser nachvollziehen können. Er hat die Versuche übrigens recht gut überstanden. Flieger haben ja meist auch eine ganz robuste Konstitution.

Die nachfolgenden Kapitel sind in die verschiedenen Flieger-Kategorien (oder „Phasen") eingeteilt, die ich selbst aufgestellt habe. Das Luftamt hat keine Ahnung davon, also fragen Sie dort bitte nicht nach!

Es ist aber sicher für jede Frau aufschlussreich, alle Kapitel zu lesen und nicht gleich in das Betreffende einzusteigen. Entweder können Sie aufatmen, weil Sie diesen Fall schon hinter sich haben; oder Sie können sich gleich auf den nächsten Fall vorbereiten.

Beginnen wir mit der harmlosesten Phase:

Phase A: Er lernt das Fliegen gerade

Für den angehenden Flieger eine Situation voller Hochs und Tiefs – sowohl physikalisch als auch psychisch. Und hier haben wir schon die erste Sonderbarkeit: Ihr Mann (oder Freund oder Geliebter, ich nenne ihn der Einfachheit halber Mann) wird von Gefühlen überfallen und gebeutelt. Haben Sie das vorher schon in diesem Ausmaß bei ihm erlebt außer bei seiner Hochzeit oder der Geburt seines Kindes, falls er diese Erfahrung schon hat?

Sie bekommen seine Unsicherheit und seine Ängste deutlich spürbar mit, ihn plagen Selbstzweifel und Wut auf sich selbst, auf die Technik, auf den Fluglehrer. Das Ganze gibt er – typisch Mann, wie er in den meisten Fällen ist –

natürlich nicht zu. Aber sie bekommen es latent zu spüren. Durch schlechte Laune, Rückzug, fischähnliche Stummheit Ihnen gegenüber (bei gleichzeitigem Redefluss, wenn er mit einem Flieger-Kumpel spricht). Lassen Sie sich davon nicht irritieren, denn:

Der erste Alleinflug bringt jeden Flugschüler zum Zittern; bei der ersten Landung ohne Motor steigt jeder mit wackligen Knien und flauem Magen aus. Logischerweise sind auch gestiegener Adrenalinpegel und Angst mit im Spiel. Er muss erst das Gefühl für das Flugzeug bekommen und lernen, mit drei Dimensionen umzugehen (nach vorne, seitlich und nach unten). Er wird vom Autofahrer zum Piloten umerzogen. Das erzeugt Unsicherheit, ebenso wie die Unsicherheit in einem neuen Job oder bei einem neuen Projekt, bei einem Wettkampf oder beim Bau eines Segelschiffs – was auch immer Männer sich eben antun, um sich selbst zu beweisen, dass sie es schaffen.

Hier können Sie bereits handeln:

1. Trösten Sie ihn nicht, wenn er Sie bereits darum gebeten hat, aufzuhören. Drängen Sie ihm kein Wissen auf, das Sie spätestens nach diesem Buch zwangsläufig auch vom Fliegen haben, und fragen Sie ihn keine Löcher in den Bauch, wenn er nicht freiwillig erzählt.

Stellen Sie ihm einmal die Frage, wie es war (wenn es Sie interessiert), und wenn er nichts sagen will, belassen Sie es dabei und wenden sich wieder Ihrer eigenen Beschäftigung zu. Aber nicht beleidigt sein! Das kostet anfangs Überwindung, wenn man sich wirklich interessiert und dann „abblitzt", ich weiß.

Sie brauchen Durchhaltevermögen, weil Sie es konsequent machen müssen. Aber Sie beginnen damit ein Verhalten, mit dem Sie sich auf Dauer Respekt verschaffen. Denn wenn Sie konsequent so reagieren, merkt Ihr Mann: Sie meinen es ja verdammt ernst mit dem, was Sie sagen und tun.

Es mag dann zwar eine gewisse Zeit dauern, bis sich diese neue Erkenntnis über die eigene Partnerin bei ihm manifestiert hat. Aber Sie werden merken, dass sich alleine dadurch Ihr Verhältnis verbessert. Wenden Sie dieses Prinzip konsequent an, wird sich nicht nur Ihre Beziehung positiv ändern, sondern auch Ihre Umgebung reagiert anders auf Sie: Die Menschen nehmen Sie ernster. Das tut dem Selbstbewusstsein sehr gut.

2. Auch wenn Sie Bedenken haben: Treffen Sie sich doch einmal mit einem gleichgelagerten Pärchen; das heißt: Sie und Ihr Mann mit einem Flugschüler / einem Piloten und seiner Frau oder Freundin. Wenn sich alle miteinander verstehen - und das ist sehr wichtig! - können die Männer ihre Ängste, Erfahrungen und Meinungen austauschen. Das wirkt entspannend für die Männer und Sie selbst machen sich einen schönen Abend mit der Frau oder Freundin des Fliegerkollegen.

Dazu müssen Sie allerdings zwei Dinge berücksichtigen:

2.1. Weitere Treffen mit diesem Pärchen sollte es nur geben, wenn Sie sich mit der anderen Frau sehr gut verstehen. Denn sonst sind Sie wiederum die Gelackmeierte. Was haben Sie davon, wenn Sie sich nicht amüsieren und unterhalten, sondern stumm wie ein Fisch dasitzen oder womöglich von Minute zu Minute wütender werden? Ist ungesund, deshalb bitte beachten!

Wenn Sie sich wirklich gut mit dieser Frau verstehen und eine Freundschaft aufbauen, kann Ihnen das übrigens sehr für die nachfolgenden Phasen Ihrer Männer helfen. (Vor allem beim Flieger in der Phase C - ganz einfach zum gegenseitigen Ausweinen und Dampf-Ablassen. Sollte aber zwischen Ihnen und Ihrer neuen Freundin bleiben.)

2.2 Bei diesen Treffen wird das Thema zwangsläufig irgendwann „Fliegen" sein. Und wenn Sie bei einer Unterhaltung über Landeklappen und Kraftstoff-Mischverhältnisse nicht gerade Freudensprünge machen, sollten Sie sich von vorneherein mit Ihrer Freundin ein interessantes Thema aussuchen. Ob Sie nun die Marx'sche Lehre diskutieren, Strickmuster austauschen oder ganz normale Frauengespräche führen, ist egal. Hauptsache, Sie haben Spaß dabei.

Apropos „Frauengespräche": Wenn Sie sich über „frauentypische" Themen unterhalten (also ganz einfach mit Gefühl reden oder über Gefühl sprechen), werden Sie sich über die spitzen Ohren Ihrer Männer wundern. Die kennen so etwas nämlich meist nicht und es kann sogar passieren, dass sie ihre Abhandlungen über Navigationstheorie dabei abbrechen. Das ist sozusagen der erste Luftsieg! Denn merken Sie etwas? Ihr Mann interessiert sich für Sie und Ihre Themen, er öffnet sich für Sie und inzwischen nimmt er sie ja sowieso ernster als früher noch.

Beziehen Sie ihn dann ruhig mit ein, aber führen Sie Diskussionen nicht zum erbitterten Streit, sondern stellen Sie Ihre Meinung dar, ohne jemanden zu verletzen, und lassen Sie auch die Meinung der anderen gelten.

Die Zeit, in der Ihr Mann den Pilotenschein macht, werden Sie viel alleine sein. Er hat regelmäßig theoretischen Flugunterricht und sobald das Wetter passt, wird er im Flugzeug sitzen und sein Wissen in der Praxis ausprobieren. Das muss er auch, sonst bekommt er den Pilotenschein nie; außerdem braucht er die Übung, um Sicherheit zu bekommen.

Allerdings sind die Flüge meistens in der Freizeit, die Sie vorher miteinander verbracht haben. Und das ist noch dazu an schönen, sonnigen Tagen, wo man nicht nur in der Luft, sondern auch auf der Erde schöne Dinge tun kann. Radfahren, Picknicken, Baden, Spazieren gehen zum Beispiel. Und auch weniger tolle Sachen wie Verwandte besuchen, den überfälligen Hausputz machen oder den Keller aufräumen. Das muss ja leider hin und wieder auch sein und erfahrungsgemäß erledigt sich das nicht von alleine.

Hier treten drei Grundprobleme auf, die Sie von vorneherein in den Griff bekommen sollten und auch können: Die verlorene gemeinsame Freizeit, die lästigen Erledigungen und die schweren körperlichen Arbeiten.

Entweder Sie beißen einfach die Zähne zusammen und sagen sich: Der Pilotenschein muss ja irgendwann abgeschlossen sein; oder Sie begeben sich ins nächste Kapitel bzw. in die nächste Phase des Fliegers:

Phase B: Er ist Fluganfänger

Spätestens jetzt ist die Zeit für Absprachen gekommen. Wenn Ihr Mann den Pilotenschein hat, muss er eine Mindeststundenzahl fliegen, damit der Schein nicht verfällt. Vernünftiger ist es, weitaus mehr zu fliegen, weil die (bis Drucklegung) 24 Flugstunden in zwei Jahren eindeutig zu wenig sind. Bei 12 Flugstunden im Jahr kann Ihr Mann seine gewonnene Übung und Sicherheit nicht einmal erhalten, geschweige denn ausbauen. Wenn Ihnen Ihr Leben (beim Mitfliegen) und das Ihres Mannes wichtig ist, m u s s er mehr fliegen. Das ist Fakt, befragen Sie dazu einmal selbst einen Fluglehrer oder einen erfahrenen, langjährigen Piloten.

Diese Tatsache müssen Sie wohl oder übel akzeptieren. Aber Sie müssen nicht akzeptieren, dass Ihr Mann und Sie nun getrennte Leben führen. Deshalb:

Überlegen Sie sich einen Kompromiss. Erstellen Sie eine Liste zu den Punkten

a) Das will / muss ich
b) Das will / muss er

Und hier tragen Sie alles ein, was Ihnen zu Ihrer Freizeit einfällt: Vom Sonnenbaden über Gartenarbeit bis zum Wochenend-Ausflug nach Sylt, aber auch die erwähnten fälligen lästigen und körperlich anstrengenden Pflichten.
Fragen Sie Ihren Mann ganz direkt, welche der aufgelisteten Freizeitbeschäftigungen er weiterhin möchte und welche Pflichten er übernimmt.

Achtung: Stimmen Sie nicht vorzeitig zu, sondern registrieren Sie seine Wünsche einfach und tragen Sie sie auf der Liste ein.

Dabei sollten Sie dem Mann freundlich gesonnen, möglichst ausgeglichen und ruhig sein. Machen Sie das Ganze nicht, wenn Sie sowieso schon geladen sind, sondern warten Sie ab, bis Sie wieder ruhig sind.

Das soll nicht heißen, dass Sie alle Gefühle unterdrücken sollen, bloß nicht! Aber erfahrungsgemäß ist man nach drei sonnigen, aber durchflogenen, männerlosen Wochenenden einfach sauer und zu keinem Entgegenkommen mehr bereit. Halten Sie sich in diesem einzigen Fall noch etwas zurück, gleich kommt die Auflösung:

Wenn Sie alle Wünsche haben, lesen Sie sich die Liste ein paar Mal durch, damit die Wünsche für die nächste Zeit in Ihrem Gedächtnis bleiben.

Nun nehmen Sie die Liste, legen sie in eine Schubladen und lösen sich dabei auch geistig von der Thematik. Lassen Sie das Ganze einfach los, lenken Sie sich ab und konzentrieren Sie sich auf irgendetwas anderes. Das ist eine notwendige Zeit, damit das Ganze „gären" kann. Wenn Sie sich zwei Stunden oder eine Woche später konstruktiv und gut fühlen, nehmen Sie die Liste wieder zur Hand. Nun streichen Sie die Punkte an, die Ihnen und Ihrem Mann am wichtigsten sind. Jonglieren Sie selbst schon einmal geistig etwas hin und her, wie sich das alles am besten bewerkstelligen lässt und welche Zeit dafür nötig ist. Und jetzt stellen Sie erst einmal für sich einen Plan auf.

Hier ein Beispiel, wie Ihr Plan aussehen kann:

Muss-Termine

Aktion	Zeit	Wer?
Oma-Besuch	alle sechs Wochen	Ich, da meine Oma, braucht mein Mann nur jedes dritte Mal mit
Rasenmähen	je nach Wetter, aber mind. 1 x pro Woche	Er, ich hasse Rasenmähen
Großeinkauf	1 x pro Woche	Einkaufen: ich; Ausladen: Gemeinsam, da zu schwer für mich alleine
Keller entrümpeln	Irgendwann in diesem Jahr	Gemeinsam, da ich nicht weiß, was er wegwerfen will und was nicht

Freizeit

Aktion	Zeit	Wer?
Essen gehen	1 x pro Woche	Natürlich beide, wenigstens etwas gemeinsame Freizeit
Freunde besuchen	14tägig 1 x	Einzeln und beide, nach Absprache
Radfahren	2 x pro Woche	kann ich alleine, ich möchte aber ca. alle 8 Wochen eine gemeinsame Radtour machen
usw.		

Aus dieser Auflistung wird sich ergeben,

1.) was Sie überhaupt in Ihrem Leben streichen können, weil es - mal ganz ehrlich - eigentlich sowieso keinen Spaß macht;

2.) eine gewisse Zeitspanne, die Ihr Mann zuhause statt in der Luft verbringen sollte, um sein neues Leben mit allen Anforderungen unter einen Hut zu bekommen.

Welche Zeitspanne Sie wählen und was Ihnen wichtig ist, hängt von Ihnen ab. Hier kann man keine Pauschal-Zeiten angeben. Ich zum Beispiel habe mich auf ein gemeinsam verbrachtes Wochenende pro Monat geeinigt, das aber oft nicht eingehalten werden kann (was ich weiß und deshalb damit umgehen kann), weil mein Mann in Phase D fällt. Das soll Ihnen keine Angst machen, es I S T mehr gemeinsame Freizeit möglich. Je nachdem, wie Sie sich nun...

...mit Ihrem Mann einigen

Quälen Sie sich und Ihren Mann nicht wochenlang damit, sondern wenn Sie genau wissen, was Sie wollen und worauf Sie evtl. verzichten können, warten Sie auf eine günstige Gelegenheit zur Aussprache.

Nehmen Sie das Wort „Aussprache" bloß nicht in den Mund, damit schlägt man 99 % aller Männer in die Flucht (auch wenn es um ganz harmlose Dinge geht), sondern passen Sie den richtigen Moment ab - zum Beispiel ein gemeinsames Abendessen beim Italiener, wenn die Stimmung entspannt ist und er Ihnen aufmerksam zuhört - und legen Sie einfach los. Nicht aggressiv, sondern in einem ruhigen Ton.

Sie können zum Beispiel damit beginnen, dass Sie ihn nach seiner Fliegerei fragen. Wie es ihm inzwischen gefällt, wie er zurechtkommt, was für ihn das Faszinierende am Fliegen ist. Diese letzte Frage ist wichtig! (Erklärung folgt gleich.)

Phase C: Er ist mit Leib und Seele Pilot oder: Sucht und Leidenschaft

Ob er unter diese Rubrik fällt, können Sie sogar schon vor Beginn des Pilotenscheins erahnen; sicherer ist die Antwort aber, wenn er bereits einige Zeit als fertiger Pilot geflogen ist.

Nehmen wir wieder einmal ein gemütliches Abendessen, dieses Mal beim Chinesen. Essen Sie vorsichtshalber mit der Gabel, statt mit Stäbchen, damit Sie sich auf ein Gespräch konzentrieren können. Und fragen Sie ihn ganz einfach, was für ihn das Faszinierende am Fliegen ist.

Wenn er bei der Antwort ins Schwärmen gerät, wenn Gefühle mit hereinspielen und er irgendwann keine vernünftige

Erklärung mehr hat, ist er vermutlich am Anfang einer Sucht, die das Fliegen oft auslöst. Und hier müssen Sie nun einer Tatsache ins Auge sehen: Wenn es Ihren Mann erwischt hat und Sie sich nicht von ihm trennen wollen, müssen Sie diese Leidenschaft akzeptieren. Wenn Sie das Fliegen nicht akzeptieren können, sollten Sie ihm das gleich jetzt sagen, bevor er völlig in die Sucht abgleitet. Denn später kommt er nicht mehr davon los.

Natürlich gibt es auch den Fall immer wieder, dass ein Pilot mit Schein sein Hobby wieder aufgibt. Dann war es wohlgemerkt ein Hobby; viele von diesen Piloten brauchen es für ihr Selbstwertgefühl, für ihre Lebens-erfahrung, oder auch nur, um endlich einmal etwas Großartiges zu tun. Wenn es dem Piloten darum geht, wird er es wieder aufgeben. Sie können ja einfach 'mal eine Zeitlang zuhören, wie er in den folgenden Wochen über das Fliegen spricht oder seine Fluggewohnheiten beobachten. Dann können Sie selbst Ihre Schlüsse ziehen.

Aber Achtung: Wenn er sich einschränkt, tut er das vielleicht Ihnen zuliebe. Das alleine sagt noch nichts über ein mögliches Aufhören aus.

Ein Indiz gibt es aber, ob Ihr Mann ein Suchtgefährdeter ist: Hat er schon als Kind mit Modellflugzeugen gespielt? Trieb es ihn als Jugendlichen immer wieder zum Flugplatz? Wollte er schon immer fliegen? Kitzeln Sie ihm das einmal heraus. Wenn Sie einen Flieger-Ansatz schon in der Kindheit feststellen, ist es ziemlich sicher: Ihr Mann wird auf das Fliegen süchtig.

Die Folge: Innerhalb recht kurzer Zeit wird diese Leidenschaft - „Hobby" oder „Sport" wäre hier zu gering - ein zweites Leben für Ihren Mann. Ein Leben, das sicher **nicht wichtiger** als sein Leben mit Ihnen ist (wichtig!!! Bitte merken und bei Zweifeln immer wieder diese Textstelle lesen!!!), das er aber **genauso wie Sie** zum Leben braucht. (Warum und was dahintersteckt, kommt im übernächsten Kapitel.)

Und jetzt geht die Arbeit gleich los, aber keine Angst: Sie schaffen es. Und danach geht es Ihnen hervorragend. Und zwar - wenn Sie meine Prognose interessiert - Ihr ganzes Leben lang. Denn nun fangen SIE an, voll und ganz zu leben. Wie Ihr Mann. Doch zuvor noch einmal eine Steigerung, die bei einem Piloten möglich ist: Die Phase D.

Phase D: Er ist nicht nur süchtiger Flieger, sondern „findet" noch andere flugbegleitende Leidenschaften

Das ist sicher der härteste Fall (mit Ausnahme des noch härteren Berufspiloten, der für eine Airline oder für ein privates Unternehmen als jederzeit einsatzbereiter Pilot fliegt), aber auch das kann man überleben. Ein Beweis ist, dass es mir selbst recht gut geht und ich habe die „Phase D" als realen Ernstfall in Form meines Ehemanns. Vielleicht ist das eine Beruhigung für Sie.

Als ich meinen Mann kennen lernte, flog er bereits. Und er war nicht nur Pilot, sondern murmelte auch etwas von „Lehrprüfung gemacht" und „Springer absetzen". Das waren für mich alles böhmische Dörfer. Ich nahm es aber nicht weiter ernst, weil wir viel Zeit miteinander verbrachten. Frisch verliebt eben.

Im nächsten Sommer regnete es meist an den Wochenenden; wenn es nicht regnete, zogen wir gerade in eine neue Wohnung; das machten wir ein paar Mal. Da konnte er nicht fliegen.

Ich witterte immer noch nichts, bis mich der Flugplatzleiter einmal herzlich in der Fliegerkneipe begrüßte. Er hatte gehört, dass wir geheiratet hatten und nahm mich zur Seite. Dann erklärte er mir vorsichtig, dass das mit den Piloten und den Frauen so eine Sache sei, naja... Wie es mir denn gehe?
Und so redete er lange um den heißen Brei, bis ich endlich herausbekam, was

er mir eigentlich sagen wollte: „Ich habe hier schon viele Piloten-Ehen in die Brüche gehen sehen."

Auch das juckte mich noch nicht weiter, bis das nächste Jahr von Anfang an sonnig war und einige Abmachungen zwischen diesem Flugplatzleiter und meinem Mann gefallen waren. Jetzt ging's richtig los: Wenn es schön war, flog er Fallschirmspringer in 3000 Meter Höhe und ließ sie dort herausspringen. Nicht etwa einmal, sondern bis zu zehn Mal pro Nachmittag. Und das über's ganze Wochenende. Und während der Woche gab es auch einmal den einen oder anderen Sondereinsatz.

Wenn es regnete, freute ich mich meist zu früh: Für solche Tage war Flugunterricht angesagt. Mein Mann war (und ist) nämlich Fluglehrer, was mir erst zu diesem Zeitpunkt in seiner Tragweite bewusst wurde. Und wenn beides nicht anstand, zog es ihn selbst zum Fliegen, so ganz privat und für sich. Und sollte doch kein Fliegen möglich sein, standen gerade dringende Reparaturen am Flugzeug an. Oder er lernte für seinen nächsten Schein, entweder die Instrumentenflugberechtigung oder die Ausbildung zum Fluglehrer für Instrumentenflugberechtigung usw. Damit kann man locker ein paar Jahre verbringen und notfalls die nächsthöhere Stufe erklimmen, wenn es denn doch zu langweilig werden sollte...

Das Ende vom Lied: Ich verbrachte Wochenende für Wochenende allein zu Hause, musste Treffen mit Freunden mühsam auf die Freitagabende hinbiegen und viele andere Freunde enttäuschen; ich organisierte unter erschwerten Bedingungen - und dann zerschlug sich oft jede Planung, weil der Wetterbericht nicht Recht gehabt hatte und trotz Regenvorhersage Flugwetter war. Ich schleppte selbst Tonnen von Holz, Erde, Pflanzen und Gartenzubehör, um im Mai die fälligen Pflanzungen vorzunehmen.

Dazu kommt, dass mein Mann - als Selbständiger - während der Woche nicht vor 20 Uhr nach Hause kommt, meist sogar erst nach 21 Uhr, und dann so erledigt ist, dass er spätestens zwei bis drei Stunden später todmüde ist und schläft. Und ich, ebenfalls als Selbständige, reduzierte meine eigene Arbeitszeit, so gut es ging, denn einer musste den Haushalt ja schließlich in den Griff bekommen.

Ich wurde eher schnell als langsam ganz schön sauer und irgendwann platzte ich. Naja, so ein Platzen kennen Sie ja selbst. Wenn die Wortfetzen, die Vorwürfe und die Kissen abwechselnd durch die Gegend fliegen, wenn Sie ihrer Freundin in einer Mischung aus Wutausbruch und Verzweiflung erzählen, dass Sie Ihrer Beziehung keine Chance mehr geben, wenn Sie geistig schon die Koffer packen und die Vorstellung, Ihren Mann eigenhändig zu erwürgen, ein Gefühl der Befriedigung auslöst.

Nun habe ich einen Mann mit großer Geduld, zum anderen arbeitete ich sowieso gerade an mir und mir fielen einige gute Bücher in die Hände, die kluge Ratschläge gaben; und diese Ratschläge, richtig kombiniert und durchgeführt, funktionierten sogar.

Damit Sie sich die lange Zeit für das Bücherlesen sparen können, bekommen Sie jetzt die Zusammenfassung, die ich mit meinen eigenen Erfahrungen ergänze. Sie können aber - und sollten vielleicht sogar - selbst nachlesen; deshalb finden Sie eine Auflistung sinnvoller Bücher am Schluss dieses Handbuchs. (Das ist nur eine Auswahl, die ich persönlich traf. Es gibt sicher noch mehr gute Bücher! Die Auflistung hat keinen Anspruch auf Vollständigkeit.)

Und jetzt legen wir los. Erst einmal mit der Beantwortung einer wichtigen Frage:

Warum ist mein Mann so süchtig auf das Fliegen?

Während ich in der Fliegerkneipe saß und sehnsüchtig den Himmel nach meinem Mann absuchte, drängte sich mir die Frage nach dem „Warum?" immer häufiger auf. Mein Mann konnte mir darauf keine vollständige Antwort geben, also fragte ich andere Piloten. Aus den Aussage-Stücken („Hör' Dir halt das Lied „Über den Wolken" genau an" oder „Da bin ich dem Himmel ein Stück näher" oder „Da vergesse ich den ganzen täglichen Kleinkram und Ärger'" oder auch „Das ist da oben ein bisschen wie mit Gottes Augen auf die Erde zu sehen“) fügte ich schließlich ein Bild zusammen, das mir als Erklärung für die Hintergründe recht passabel erscheint.

Natürlich kann man auch Piloten nicht über einen Kamm scheren, genauso wenig wie Menschen überhaupt, aber ein paar Gemeinsamkeiten dürften sie beim Fliegen haben: Sie nehmen jeden Moment, wie er kommt, spüren ihn intensiv und genießen jeden Augenblick. Das ist purer Lebensgenuss.

Fragen Sie Ihren Mann bitte nicht nach dem „puren Lebensgenuss", das wird er vermutlich ablehnen. Damit Sie aber wissen, was ich damit meine, folgt natürlich eine nähere Erklärung:
Wenn Ihr Mann zum Flugplatz fährt, den Flugplatz betritt, die Vorbereitungen für das Fliegen trifft, bereitet er sich auch auf seinen Höhenflug vor, auf sein Abheben.

Und jetzt - bevor Sie weiterlesen - eine Bitte: Lassen Sie bei den nächsten Ausführungen Ihrer Fantasie freien Lauf, sehen Sie sich als Superwoman, der nichts passieren kann und die deshalb vor nichts Angst zu haben braucht. Sie können also alles, was Sie sonst nicht können, sie sind niemals in irgendeiner Gefahr, sondern in völliger Sicherheit.

Sehen Sie alle beschriebenen Situationen als Bilder vor Ihrem geistigen Auge und spüren Sie die Gefühle dabei. Legen Sie danach das Buch ruhig einmal weg und träumen Sie selbst weiter; Sie werden merken, wie Sie selbst abheben können. Also - Fantasieströme angefacht, wir waren bei der Vorbereitung des Piloten aufs Abheben. Der Pilot sind jetzt SIE:

Der Pilot bekommt die Starterlaubnis über Funk und gibt Gas. Mit viel Power und funktionierender, guter alter Technik bringt er das Flugzeug ins Rollen, die physikalischen Regeln der Luftströmung greifen und schon kommt das Flugzeug in ein sanftes, aber kraftvolles Gleiten. Die gleichmäßige Vibration des Motors inklusive dazupassender Geräusche hat gewisse Schwingungen, die sich auf den Körper übertragen, ihn beruhigen und zugleich anregen. Voll innerer Ruhe und zugleich hellwach sieht der Pilot zu, wie er mit zunehmendem Steigen die Erde immer weiter unter sich lässt - die Erde mit all ihren so menschlichen und manchmal so bescheuerten Problemen. Er ist ganz alleine da oben, am Himmel, im schnurrenden Flieger, er hat sich erhoben über die Alltagsprobleme und kann seinem Geist endlich freien Lauf lassen. Er kann über das Leben sinnieren oder einfach Wolken betrachten, ihre Konturen, wie sie sich auflösen und ganz anders wieder zusammensetzen; zu Formen zusammensetzen, die niemals die gleichen sind - eine solche Fülle an Formen, die ein normales menschliches Gehirn niemals zustande bringen würde. Er fliegt um ein paar Wolken und kann sich nicht satt sehen. Wie Paläste aus weicher Watte sehen sie aus. Unten glitzert ein See silbern in der Sonne und die Spaziergänger sind ganz klein. Selbst wenn sie ihn jetzt wegen des Fluglärms mit Worten angreifen, hört er es nicht. Es ist ihm egal. Der Pilot fliegt eine Autobahn entlang und ist schneller als jedes Auto, aber nicht aggressiv oder kämpferisch, wie das unten auf der Straße der Fall ist. Sondern ganz einfach schneller, weil es mit einem Flugzeug eben so ist.

Er kann mit dem Flugzeug jede beliebige Richtung einschlagen, sogar jede Dimension, was auf dem Boden nicht möglich ist. Der Pilot ist frei, er kann tun und lassen was er will, er wird nicht durch Gegenverkehr, hupende Autofahrer, Verkehrsschilder oder durch die Straßenführung zu einem bestimmten Kurs gezwungen, sondern er fliegt seinen eigenen Kurs. Kein Hintermann drängt ihn und kein mitfahrender Fahrgast motzt „fahr' nicht so schnell". Er kann Geschwindigkeit, Dimension, Richtung - er kann alles selbst bestimmen und nichts drängt ihn zu irgendetwas. Er ist völlig losgelöst von allen Verpflichtungen, von jedem „Muss", von Sorgen und Ängsten. Es zählt nur der Moment, den er mit allen Fasern seines Körpers genießt. Er lässt das Leben, das, was jetzt gerade geschieht, einfach durch sich hindurchfließen und freut sich daran, genießt es. Festhalten kann er es nicht; das sollte er auch nicht, sonst wäre er durch diese Anstrengung des Festhalten-Wollens abgelenkt und könnte dadurch nicht mehr entspannt genießen. Also lässt er alles einfach so, wie es ist, und nimmt alles an, was kommt. Das ist pures Leben und pure Lebensfreude bis ins tiefste Innere hinein. WENN DAS KEINE FREIHEIT IST!

Verstehen Sie Ihren Mann jetzt ein wenig besser? Und verstehen Sie jetzt auch, warum das kein Pilot erklären kann? Weil er in diesem Moment nämlich nicht über das „Warum?" nachdenkt; es ist in diesem Moment auch völlig unwichtig. Das Wichtige ist der Augenblick und das Genießen des Augenblicks mit all seiner Schönheit und Freiheit.

So eine Lebensfreude, so eine tiefe Zufriedenheit und Freiheit, bringen wir jetzt auch in Ihr Leben. Nein, Sie brauchen dazu keinen Pilotenschein machen, Sie brauchen sich auch nicht aus fliegenden Flugzeugen oder fahrenden U-Bahnen zu stürzen oder sonst eine gewagte Aktion zu vollführen. So etwas bringt zwar einen Euphorie-Zustand, aber auf Dauer wird nur das Gegenteil dessen bewirkt, was eigentlich der Sinn des Lebens ist: Statt tiefem Lebensgenuss, der ständig da ist, brauchen Sie immer wieder den „Thrill", ausgelöst durch Adrenalin und Endorphine. Zugegeben, diese Hormone bewirken einen extremen Glückszustand. Aber was nützt der schönste Endorphin-Ausstoß, wenn das Leben nach zehn Minuten wieder genauso grau und trist wie vorher ist?

Deshalb gehen wir das Ganze so an, dass Ihre Lebensfreude von Tag zu Tag wächst und durch nichts mehr zu unterdrücken ist. Sie werden sicher und gelassen, führen eine erfüllte Beziehung und freuen sich über jeden Moment Ihres Lebens. Und plötzlich ändern sich auch Ihre äußeren Lebensumstände zum

Positiven, Sie werden sehen. Freuen Sie sich jetzt schon darauf!

Fangen wir mit der Zeit an, in der Ihr Mann beim Fliegen ist. Wollen Sie starten? Dann los:

Endlich leben!

Auch Sie sind, wie wir alle, zu Anstand und Ordnung, zu Sparsamkeit, Fleiß und was sonst noch alles erzogen worden. Vieles davon ist sinnvoll, vieles aber auch nur lästiger Ballast, der Ihr Leben behindert.

Jetzt überlegen Sie einmal, was Sie gerne tun würden, wo aber Ihr Gewissen ein deutliches „Nein!" schreit. In aller Ruhe in der Badewanne liegen und Pavarotti dabei hören? Durch einen Wald laufen, auf das Moos fallen lassen und die würzige Luft in tiefen Zügen einatmen? Einfach nur auf dem Sofa liegen und Löcher in die Luft starren? Das Telefon über's Wochenende abstellen und einfach nur Ruhe vor allen Menschen haben? Dann tun Sie es!!!!

Jetzt mal ehrlich:. Wen geht es etwas an, was Sie in Ihrer Freizeit tun? Sicher, eine Bank zu überfallen wäre nicht so gut. Das würde dann natürlich berechtigterweise einige Leute etwas angehen, weil Sie ja jemanden geschädigt haben. Aber gegen Freizeitbeschäftigungen, die niemandem schaden und Ihnen Spaß machen, ist rein gar nichts einzuwenden.

Sie sehen Ihre Mutter bildlich vor sich, wie Sie den Kopf verständnislos schüttelt, weil Sie die Bügelwäsche liegen lassen oder die Küche aussieht, als hätte eine Bombe eingeschlagen?
Völlig egal! Ihre Mutter soll draußen bleiben. Sie führen Ihr eigenes Leben und - ob Sie es nun gleich glauben oder

erst später - in Ihrem Leben müssen SIE SELBST der wichtigste Mensch sein.
Haben Sie schon einmal überlegt, was wäre, wenn Sie sich zu Tode schuften und plötzlich tot umfallen würden? Dann wären einige Menschen aber ganz schön verzweifelt, inklusive Ihrer Mutter, Ihrer Kinder (wenn Sie welche haben), Ihres Chefs und natürlich Ihres Mannes.
Sie sehen: Ihr Leben ist für andere wichtig. Allen voran sollte es aber für Sie selbst wichtig sein. Denn außer Ihnen kann sich niemand darum kümmern, dass es Ihnen gut geht. Stimmt's? Nicht materiell, sondern seelisch meine ich.

Also: Jetzt machen Sie endlich einmal das, was Sie sich selbst schon Ewigkeiten nicht mehr gegönnt haben. Und genießen Sie es bitte! Ganz intensiv und in vollen Zügen! Falls ihr schlechtes Gewissen hochkommen sollte (das wird es anfangs noch häufiger tun), drehen Sie den Spieß einfach um: Freuen Sie sich diebisch darüber, wie Sie in den Augen der betreffenden Personen über die Stränge schlagen, sozusagen „ausbüchsen" und gegen deren Moral verstoßen, und genießen Sie Ihre „Tat" um so mehr! Wenn dabei Aggression gegen den/die Verursacher des schlechten Gewissens hochkommt: Sehr gut.

Lassen Sie die Aggression bitte heraus, schreien Sie, toben Sie, brüllen Sie diese Spießer und Moralapostel richtig an (nehmen Sie einfach das Sofa als Stellvertreter), werfen Sie Kissen und, wenn Sie es sich leisten können, Teller durch die Gegend... Ihrer Fantasie und

Ihrer Wut sind dabei keine Grenzen gesetzt (außer: andere verletzen, das ist absolutes Tabu, aber das wissen Sie ja selbst).

Na, wie fühlen Sie sich? Das tut verdammt gut, nicht wahr? Sie haben Ihre Wut losgekriegt und keiner hat zugesehen. Und jetzt geht's zur Entspannung. Machen Sie alles, wonach Ihnen der Sinn steht. Und wenn Sie nichts tun wollen, tun Sie ganz bewusst und genießerisch nichts. Nur eines sollten Sie dabei noch beachten: Zwingen Sie sich niemals zu irgendetwas, das Sie nicht wollen. Dann wäre der ganze Sinn dieser Aktion wie weggeblasen.

Wenn Sie zum Beispiel meinen, Sie müssten doch jetzt den angefangenen

Roman fertig lesen und Sie stellen beim Lesen fest: Das bringt mir ja jetzt gar nichts dann schlagen Sie das Buch wieder zu, legen Sie sich entspannt auf das Sofa und hören Sie einfach in sich hinein. Es kann sein, dass lange nichts passiert. Dann bleiben Sie einfach liegen. Irgendwann kommt ein blitzartiger Gedanke, ein Wunsch, oder es drängt Sie förmlich auf die Terrasse, weil Sie Lust auf Sonnen haben. Dann geben Sie nach. Aber so lange sollten Sie einfach liegen bleiben und genießen, dass Sie gar nichts müssen. Ganz bewusst bitte!

Das „MUSS" ist es nämlich, das unseren Lebensgenuss ganz schön ausbremst. Und dieses „MUSS" ist ja immerhin nur von irgendwelchen Menschen aufgestellt, für die es vielleicht so richtig war. Aber das heißt noch lange nicht, dass es auch richtig für Ihr Leben ist. Also schalten Sie alle „MUSS" einfach aus, die gibt es heute nicht.

Sie können sich nicht vorstellen, wie Sie mit einem faulen Tag oder einem reinen „Lust-"Tag Ihre ganze Arbeit schaffen sollen? Und Ihre Verwandtenbesuche und sonstigen Verpflichtungen unter einen Hut bekommen? Sie werden sich wundern wie das geht!

Wenn Sie Kinder haben: „Schieben" Sie die Kinder ruhig einmal zur Oma, zu einer Freundin oder zu einem Jugendwochenende ab. Das geht nicht? Natürlich geht das, schließlich kümmern Sie sich Tag und Nacht um die Kinder; das registriert keiner. Und wenn Sie von 365 Tagen pro Jahr Ihre Kinder einmal für zwei Tage weggeben, regt sich jeder auf? Dann rechnen Sie denen einfach mal die übrigen 363 Tage vor, die sich ja - dank nächtlicher Fieberanfälle oder schlechter Träume der Kinder - noch um die zusätzlichen Nächte addieren.

Sie müssen alle zwei Wochen Ihre Eltern besuchen? Müssen Sie gar nicht! Erstens führen Sie Ihr eigenes Leben und haben nicht nur das Recht darauf, sondern in Ihrem Alter auch die Pflicht (!) dazu, und zweitens ist es das Problem Ihrer Eltern, wenn sie nicht allein sein können. Kümmert sich denn jemand um Sie, wenn Sie einsam sind? Jedes Mal? So viel Rücksicht wie Sie nehmen Eltern oft nicht.

Also: Sie genießen jetzt einen Tag eines Fliegerwochenendes voll und ganz.

Überlegen Sie mal: Wenn Sie sich einen ganzen Tag lang nur um sich kümmern und das tun, was Sie wollen, erholen Sie sich ja. Es ist die reine Entspannung, wie es bei Tante Gunda oder beim Keller-Ausräumen nie geschehen würde. Wenn Sie aber richtig erholt und entspannt sind, haben Sie ja wieder viel mehr Elan und Power, um Ihre Arbeit zu machen. Dann ist das Abspülen oder Bügeln am nächsten Tag auch gleich nicht mehr so unangenehm, Sie leben dabei ein bisschen mehr als sonst und hängen vielleicht schönen Gedanken nach, was Sie sich nächstes Wochenende so alles gönnen möchten - und schon haben wir geschafft, was zu erreichen war: Ihr Leben wird etwas schöner und etwas leichter.

Sicher, die Arbeit nimmt Ihnen vermutlich niemand ab. Aber - und gerade deshalb - hat auch keiner das Recht, zu fordern, dass Sie bis zu einem bestimmten Zeitpunkt erledigt ist. Die sollen 'mal alle schön Ihren Mund halten, das geht nämlich nur Sie selbst etwas an. Und wenn die größten Motzer irgendwann merken, dass Sie viel entspannter sind (das kommt zwangsläufig nach spätestens drei Fliegerwochenenden), denken sie vielleicht einmal über ihr eigenes Leben nach...

Also nur Mut: Sie sind Ihr einziger und eigener Herrscher über Ihr Leben! Tun Sie, was Ihnen gefällt, und genießen Sie es.

Als ich das für mich selbst umsetzte, hatte ich auch erst Probleme, die hauptsächlich durch meine Erziehung entstanden: Meine Mutter hatte mich schon als kleines Mädchen dazu erzogen, dass Leistung und Arbeit das Wichtigste wären, was im Leben zählt. Außerdem könne man sich damit am ehesten die Zuneigung von Menschen erwerben. Ich musste (das ist mir jetzt schon etwas peinlich) fast 40 Jahre alt werden, um zu kapieren, dass das nicht das Wichtigste im Leben ist. Wissen Sie, was der Sinn der Lebens ist? Das Leben ganz bewusst zu genießen und Achtung vor dem Leben und der ganzen Schöpfung zu haben. Das ist es. Also genießen Sie das Leben und genießen Sie die Lust und Freude, die Sie dabei haben! Sie werden sich wundern, wie gut Ihnen das tut. Und Ihr Mann wird positiv überrascht sein, wenn er heimkommt und eine völlig entspannte Frau antrifft.

Auch mein Mann atmete erleichtert auf, als er eine fröhliche und entspannte Frau zu Hause antraf, statt eine mit vorwurfsvollem Gesicht (ich gebe zu, das sah er vorher). Nun freute ich mich schon jedes Mal im voraus auf das entspannende Wochenende und darauf, mir etwas Schönes zu gönnen. So entspannte sich bei uns - ganz fließend - die Lage, wenn es auf das Thema „Fliegen" und „Abwesenheit durch Fliegen" zuging. Eines Tages jedoch wurde alles Fliegerische abgeblasen und mein Mann blieb - auch für ihn unerwartet - zu Hause. Ich freute mich natürlich darüber, aber kurzzeitig hatte ich wohl einen etwas enttäuschten Gesichtsausdruck. Da wurde er stutzig.

Den Gesichtsausdruck konnte ich nicht mehr zurücknehmen, also erzählte ich ihm, was ich so alles „trieb", wenn er weg war. Ich erzählte auch vom Faulenzen und dem Genuss dabei; ich erzählte davon, dass ich meine Hausarbeit streckenweise aufnahm und wieder liegen ließ - ganz, wie es mir gerade in den Sinn kam - und so manchmal ein himmelschreiendes Chaos in der Wohnung verursachte (das ich aber nach der Entspannung immer umso schneller wieder beseitigen konnte) und einige Details mehr.

Er war froh, dass es um so etwas Harmloses ging und er freute sich sehr, dass ich mich am Wochenende nicht langweilte oder womöglich nach ihm aufzehrte. Das war eine Entlastung für

SEIN Gewissen! Ab diesem Zeitpunkt war sogar sein Gesichtsausdruck entspannter und in größerer freudiger Erwartung, wenn er zum Fliegen wegfuhr. Denn er brauchte sich ja vor mir nicht mehr dafür entschuldigen, dass er am Wochenende lebte und ich dahinvegetierte.

Verstehen Sie, was da abläuft? Sie bringen mit der Konzentration auf Ihr Leben, auf Ihren Lebensgenuss, einen Stein ins Rollen, der nur positive Faktoren nach sich zieht.

Ich weitete dieses Prinzip dann auch auf die normale Arbeitswoche aus, indem ich an manchem Abend wenigstens eine Stunde lang das tat, was mir gefiel. Und plötzlich graute mir nicht mehr so vor dem Montagmorgen...

Ahnen Sie, was Sie für Ihr Leben damit bewegen können? Indem Sie sich selbst Lebensgenuss und Freude zugestehen, völlig unabhängig von anderen Menschen und Meinungen, bringen Sie mehr Freude in Ihr ganz eigenes, persönliches Leben.

Dem setzen Sie jetzt noch ein Sahnehäubchen auf: Sie stabilisieren Ihre Beziehung und verbessern Sie nachhaltig:

Lassen Sie Ihren Mann los, dann bekommen Sie ihn

Auch diese Übung vollzog ich an mir und am eigenen Fliegermann der Phase D. Ich stellte erstaunt fest, dass ich meinem Mann damit mehr entgegenkam, als ich mir vorher ausgemalt hatte. Und ich stellte noch etwas fest: Unsere Beziehung hat eine ganz andere Qualität bekommen. Doch bevor ich hier in Zeichen und Wundern Weisheiten von mir gebe, die kein Mensch versteht, fangen wir beim Anfang an:

Die Liebe ist einer der wichtigsten, wenn nicht sogar der wichtigste Faktor des ganzen Lebens. Wir wollen das meistens nicht so recht einsehen, denn Liebesverlust tut weh und die Liebe ist etwas, das man nicht greifen oder womöglich festhalten kann. Das spürt man schon als kleines Kind häufig und jeder hat heute noch Narben aus vergangenen Ereignissen.

Wenn wir schon bei der Vergangenheit sind: Denken Sie einmal an einen Ihrer Verehrer, der Ihnen sein Herz zu Füßen legt und der alles tun wollte, um Ihr Herz zu erobern. Sie aber hatten kein Interesse und wandten sich von ihm ab, was ihn zu immer mehr Liebesbeweisen veranlasste. Er spürte Sie immer mehr entgleiten und das steigerte seine Liebe. War lästig, nicht? Aber es scheint ein Naturgesetz zu sein, dass jemand dann mehr liebt, je mehr er als Verliebter abgewiesen wird.

Damit will ich Ihnen jetzt n i c h t nahe legen, dass Sie Ihren Mann abweisen sollen, bitte tun Sie´s nicht!!! Ich will

Ihnen damit lediglich ein Phänomen verdeutlichen: Wenn Sie Ihren Mann nicht mehr festhalten oder gar klammern wollen, sondern ihn ganz einfach loslassen, wird er öfter und mehr bei Ihnen sein wollen als jetzt. Dann ist nämlich kein Zwang mehr da, was viel entspannender ist.

Erst durch Loslassen bekommen Sie das, was Sie Festhalten möchten. (Das ist übrigens ein Lebensgesetz, das auf alles zutrifft!)

„Einfach loslassen" - das klingt so leicht und ist doch so schwer, wenn man nicht weiß, wie man es anpacken soll. Aber das wissen Sie jetzt gleich. Beginnen wir mit dem ersten Schritt, den Sie vermutlich schon getan haben:

Loslassen hat etwas mit zulassen zu tun

Sie haben sich schon ein schönes Wochenende gegönnt? Dann haben Sie es bereits getan: Ihre eigenen Wünsche zugelassen, Ihre Wünsche ernstgenommen und konsequenterweise erfüllt. Das ist ein Stück Eigenliebe (wohlgemerkt: Kein Egoismus!!), die ganz, ganz wichtig für jeden Menschen ist.

Auch hier gibt es nämlich eine logische "Kausalverkettung" oder auch einfach nur ein Naturgesetz: Wenn Sie sich selbst lieben, fühlen Sie sich besser als wenn Sie sich nicht lieben. Sie nehmen sich selbst ernster, dadurch wächst Ihr Selbstvertrauen und Ihr Selbstwert-Gefühl; Sie wissen also, dass Sie ein wertvoller Mensch sind und brauchen dazu keine Bestätigung von außen mehr. Dann brauchen Sie auch nichts mehr krampfhaft festhalten - und so lassen Sie auch Ihren Mann los.

Aber jetzt haben wir wieder die Kuh von hinten aufgezäumt, fangen wir vorne an:

Sie genießen einen Tag nur für sich, Sie gestehen sich endlich einmal zu, was Ihnen gefällt und haben deshalb auch kein schlechtes Gewissen, im Gegenteil. Sie lassen damit Ihre Wünsche zu.

An der Auswirkung merken Sie, wie wohltuend das ist: Es ist eine richtige Streicheleinheit für die Seele, wenn man sich etwas Schönes gönnt. Es entspannt und tut gut und gibt wieder richtig Kraft für die nächste Woche. Was hätte es für einen Sinn, so etwas Wohltuendes zu verteufeln? Sie würden sich damit nur schaden und würden schlecht gelaunt und mürrisch Ihre ganzen „MUSS" erfüllen, die meist auch warten können.

Um das Genießen des Lebens vollständig zuzulassen, müssen Sie sich und Ihre Wünsche so annehmen, wie Sie sind. Akzeptieren Sie alles, was kommt. Und wenn der Wunsch nach einem Banküberfall kommt und gleich darauf eine geistige Ohrfeige: Ohrfeigen Sie sich nicht. Lachen Sie über diese Idee oder sehen Sie sich die Idee einfach an. Sie verschwindet von selbst wieder. (Und Sie rauben bitte nach wie vor keine Bank aus!) Lassen Sie es einfach zu, denn: Kennen Sie das Geheimnis? So etwas haben alle Menschen! Es ist also

nicht „unnormal", unmoralische oder „schlechte" Gedanken zu haben.
Da können Sie nun wirklich jeden Psychologen fragen, das habe ich nicht erfunden!

Schlecht wär's nur, wenn Sie solche Gedanken in die Tat umsetzen. Aber Hand auf's Herz: Würden Sie das jemals in Ihrem Leben tun? Nein? Na sehen Sie. Also: Lassen Sie alle Gedanken zu, bei Ihnen ist wirklich alles völlig normal und in Ordnung.

Übrigens: Wenn Ihre Freundin solche „schlechten" Gedanken verneint, lügt sie entweder, oder sie traut sich nicht, es zuzugeben. Oder Sie raubt eben in Gedanken keine Bank aus, sondern bringt ihren Chef um. Das ist in der Realisation ja genau so wenig wie Ihr

Überfall angebracht, aber als Gedanke sehr verständlich (auch hier spreche ich aus eigener Erfahrung).

Also lassen Sie Ihre Wünsche, Ihre Gedanken und auch all Ihre Gefühle zu. Damit lassen Sie automatisch sich selbst, Ihr innerstes Wesen zu.

Und wie sieht's mit dem äußeren Wesen aus? Diesen kleinen Exkurs müssen wir jetzt einfach noch machen, weil die meisten Leserinnen wahrscheinlich das gleiche Problem hatten wie ich selbst: Ich konnte mich teilweise im Spiegel einfach nicht anschauen. Ich hatte für meine Begriffe einen „Schwimmreifen" um die Hüften, zu dicke Oberschenkel, zu behaarte Unterarme und Beine, zu krumme Zehen und was ich sonst noch alles an mir auszusetzen hatte.

Da fangen wir auch gleich mit einem Programm an:

Am nächsten Flieger-Wochenende gönnen Sie sich eine Schönheitskur. Besorgen Sie eine gute Kur für Ihr stumpfes Haar, ein Epiliergerät für die Beine, eine Enthaarungscreme für die Arme und buchen Sie einen Termin bei jemandem, der Sie massiert oder Ihnen anderweitig eine gute Behandlung zukommen lässt (kann auch die Kosmetikerin sein). Gehen Sie also gleich einmal an die lösbaren, äußerlichen Probleme heran und tun Sie etwas, um Sie zu lösen (= Kur kaufen, Epiliergerät etc.).

Für die - erst einmal - unveränderlichen Körperteile ist es gut, wenn hier jemand anders ganz sanft die Aufmerksamkeit darauf lenkt und somit auch die Gefühle für diese Körperteile weckt. **Achtung:** Das ist meine eigene Erfahrung und damit mein persönlicher Tipp; kann sein, dass Sie das gar nicht mögen; dann lassen Sie es bitte und zwingen Sie sich nicht dazu.

Wenn Sie sich aber gerne massieren lassen, dann tun Sie es. Gut sind Ganzkörpermassagen, Fußreflexzonen- und Shiatsu-Massagen. Sicher gibt es noch anderes, aber diese drei sind meine Lieblingsmassagen, die sehr gut wirken können. Buchen Sie das, wo Sie das beste Gefühl dabei haben. Dann liegen Sie in den meisten Fällen richtig.
Bei solchen Behandlungen passiert etwas, das Sie selbst für sich verstärken sollten: Jemand kümmert sich aufmerksam und - hoffentlich - liebevoll um Ihren Körper. Genießen Sie das bis in die letzte Pore und lassen Sie das gute Gefühl so lange anhalten, wie es wirkt.

Wenn Sie ganz sanfte Berührungen bekommen, merken Sie sich das Erlebnis. Und zu Hause berühren Sie sich auch einmal ganz liebevoll, vor allem an den „gehassten" Körperstellen. Oder sehen Sie sie zumindest liebevoll an. Wenn Sie das immer wieder machen, wenn es Ihnen gerade einfällt (kein Zeitzwang bitte, wie oft und wann!), stellt sich automatisch Ihr Körpergefühl um. Sie werden zwangsläufig liebevoller zu Ihrem Körper. Und jetzt zeitgleich die zweite Aktion:

Das Hineinfühlen in den Körper, das Erleben des Körpers, wie es beim Massieren geschah, und das nachfolgende Gefühl für Ihren Körper behalten Sie bitte auch in Zukunft bei. Dazu tun Sie noch eines: Sie lassen Ihr Gewichtsproblem oder Ihre

Problemzonen los. Da müssen Sie mir jetzt einfach vertrauen: Kümmern Sie sich die nächste Woche gar nicht darum, sondern konzentrieren Sie sich auf ihr geistiges Körpergefühl (das ja meist ganz anders ist als das, was man im Spiegel sieht).

Lassen Sie auch Hunger zu und konzentrieren Sie sich beim anschließenden Essen auf das, was Sie schmecken, was Sie spüren und wie jeder Bissen Sie befriedigt, lustvoll befriedigt, und wie Sie langsam satt werden.

Ich verspreche Ihnen eines: Wenn Sie das tun, sind Sie so konzentriert am Genießen, dass Sie 1. schneller satt werden und 2. nahezu „von selbst" abnehmen und 3. schmeckt alles plötzlich intensiver.

Wenn Sie zwischendrin den typischen Heißhunger haben oder aus Frust etwas essen möchten: Tun Sie es. Stopfen Sie sich halt nicht gerade eine Tafel Schokolade rein, sondern nehmen Sie nur einen Riegel oder weichen Sie – besser - auf kalorienarmes Essen aus, das Ihnen schmeckt. Sie lieben Möhren? Toll. Essen Sie Möhren, Tomaten, Gurken, Zucchini oder was auch immer Ihnen schmeckt, bis der Heißhunger oder Frust so ziemlich befriedigt sind (auch hier in die Zunge und in den Magen hineinspüren, was Sie da empfinden). Wenn Sie danach noch wollen, gönnen Sie sich ein Stück Schokolade. Lassen Sie es auf der Zunge zergehen und genießen Sie es richtig schamlos! Das tut gut und schmeckt gut.

Und noch ein Tipp: Gönnen Sie sich jeden Tag eine richtig gute Mahlzeit. Naja, die Sahnesaucen sollten Sie reduzieren und auch nicht unbedingt drei volle Teller essen. Am besten sind viel Kohlenhydrate, wenig Fett und wenig Zucker zum Abnehmen, zum Beispiel Nudelgerichte mit Tomaten- oder Gemüsesaucen oder mit magerem Fleisch.

Nach einer Woche werden Sie merken, dass Sie genussvoller essen und zugleich ein wenig abgenommen haben. Das genussvolle Essen ist eine wahre Sinnesfreude, in den Augen vieler Menschen unmoralisch, aber egal: Es ist einfach wunderschön. Also machen Sie es weiter so. Die bewusste Konzentration auf das Genießen werden Sie bald nicht mehr brauchen. Und wenn Sie hin und wieder „Einbrüche" haben, die einen Überfall auf den Süßigkeiten-Vorrat zur Folge haben: Gönnen Sie sich auch das. Was kann schon passieren? Sie haben halt ein paar hundert Gramm mehr auf der Waage, aber das ist auch bald wieder weg, wenn Sie weitermachen wie vorher. Bloß kein schlechtes Gewissen! Sie zerstören sich damit nur Ihren Genuss, Ihren Lebensgenuss.

Und zum zunehmenden Lebensgenuss kommt eine zusehends bessere Figur, die Sie auch mehr lieben können und werden. Sie lassen dann also auch Ihr Äußeres zu. Wissen Sie, was Sie dann sind? Ruhig, gelassen und zufrieden.

Jetzt haben wir schon wieder ein paar wichtige Lebensänderungen vollzogen, die sich nachhaltig positiv auf Sie und -

ihn haben wir jetzt kurzzeitig ein wenig vergessen, Entschuldigung! - auf Ihren Mann auswirken.

Jetzt also wieder zurück zu unserem ursprünglichen Thema: Zu Ihnen und zum Fliegermann.

Sie lassen also für sich endlich alles zu, Lebensgenuss und Wünsche, Gedanken und Körpergefühl - sich selbst, von vorne bis hinten, von innen nach außen. Erst einmal meinen herzlichen Glückwunsch! Wenn man den Dreh einmal heraus hat, ist das gar nicht so schwer, nicht wahr? Sie haben jetzt schon eine Lebenseinstellung, wie sie nur selten anzutreffen ist. Machen Sie sich das einmal bewusst, was sie da geschafft haben!

Das ist ein Glas Sekt wert! Genießen Sie es. Und jetzt schauen Sie einmal zurück und stellen Sie den Vergleich zu früher an. Sie möchten nie mehr in dem Gefängnis leben, das Sie sich selbst gebaut haben? Glückwunsch! Sie haben es verdient, endlich frei von Zwängen zu sein und Ihr Leben zu genießen. Denn diesen Zustand haben Sie jetzt erreicht.

Jetzt stellen Sie bitte noch einen zweiten Vergleich an: Sie haben endlich Ihre ganz eigene Freiheit, unabhängig von anderen Menschen. Und Ihr Mann fühlt und genießt die Freiheit beim Fliegen. (Zur Erinnerung: Die Beschreibung des Fliegens war ab Seite 48). Merken Sie etwas? Sie können Ihren Mann jetzt ganz leicht loslassen. Weil Sie jetzt wissen, was Lebensgenuss und Freiheit ist. Und weil Sie wissen, dass er nicht vor Ihnen flieht, sondern beim Fliegen genießt und sich entspannt, können Sie ihn loslassen. Sie brauchen ihn nicht mehr festzuhalten. Denn zum einen sind Sie innerlich selbst sicher und stark genug, Ihr Leben (genussvoll) zu leben, zum anderen wird er einen Teufel tun, und sich von so einer außergewöhnlichen Frau wie Ihnen zu trennen.

Das Loslassen verstärken wir jetzt einmal kurz bildlich: Schließen Sie die Augen und stellen Sie sich neben Ihrem Mann vor. Sehen Sie sich in einer Wolke stehen, in der alle Ihre Wünsche, Gefühle, Gedanken sind, - alles, was Sie ausmacht. Die gleiche Wolke ist natürlich um Ihren Mann, mit seinen Wünschen, Gefühlen und Gedanken.

Sie sehen noch eine Schnur von Ihrer Wolke zur Wolke Ihres Mannes, die an einem seiner Wünsche zerrt, um ihn aus der Wolke herauszubekommen? Nehmen Sie in Ihrer Vorstellung eine Schere und schneiden Sie diese Schnur einfach durch. Wahrscheinlich sind da noch mehr Schnüre zu sehen, wenn Sie genauer hinschauen. Schneiden Sie alle durch. Und dann atmen Sie tief und erleichtert durch - Sie haben soeben alle Klammerversuche aufgegeben!

Spüren Sie jetzt in Ihre Herzgegend hinein mit dem Gedanken an Ihren Mann: Sie spüren Ihr Herz und vielleicht tut es sogar ein wenig weh? Das ist gut und in Ordnung. Sie haben ihn jetzt losgelassen und können ihn endlich so lieben, wie er ist: Mit all seinen Wünschen, Gefühlen und Gedanken. Damit nehmen Sie ihn automatisch so an, wie er ist. Wenn sie in der Folgezeit merken, dass Sie ihn trotzdem noch nicht ganz losgelassen haben: Macht nichts. Holen Sie sich wieder das Bild und schneiden Sie jetzt einfach die neu aufgetauchten Klammer-Schnüre durch. Verzeihen Sie es sich bitte auch, wenn das nicht von heute auf morgen geht. Schließlich sind Sie ja auch die ganze Zeit Ihres Leben anders erzogen worden und haben anders gelebt. Da darf das jetzt schon ein bisschen dauern.

Was glauben Sie, was dann als nächstes kommt?
Nein, keine Arbeit. Etwas sehr Schönes. Wenn Sie Ihren Mann losgelassen haben, werden Sie merken, dass Sie ihn plötzlich intensiver lieben. Und er Sie. Achten Sie mal drauf.

Ihre Beziehung, Ihr Zusammensein wird intensiver und Sie werden es viel mehr genießen, wenn Sie Ihre Freizeit mit ihm verbringen. Diese Freizeit verbringen Sie zwar quantitativ weniger oft mit ihm als vor den Höhenflügen, dafür qualitativ umso besser. Das wiegt die geschrumpfte, gemeinsame Freizeit mehr als 1:1 auf.

Und in der anderen Freizeit führen S I E Ihr zweites Leben. Ein Leben, das Sie zum Leben brauchen, das aber nicht wichtiger ist als das Leben mit Ihrem Mann.

Mit dem weiteren Unterschied zu früher, dass es Ihnen ganz persönlich jetzt besser geht.

Ich wünsche Ihnen immerwährenden Lebensgenuss, den Sie jeden Tag, jede Woche, jedes Jahr neu ausbauen mögen. Denn Sie ahnen ja gar nicht, was man mit etwas Aufmerksamkeit so alles findet, das wirklich schön ist und gut tut...